Meerschweinchen halten für Einsteiger

Meerschweinchen halten für Einsteiger: Wie Sie Kauf, Haltung, Ernährung und Pflege Ihrer Meerschweinchen ohne Vorerfahrung gekonnt meistern - inkl. Tipps bei Krankheit

Matthias Seeberg

Alle Ratschläge in diesem Buch wurden sorgfältig erwogen und geprüft. Eine Garantie kann dennoch nicht übernommen werden. Eine Haftung des Autors beziehungsweise des Verlags für jegliche Personen-, Sach- und Vermögensschäden ist daher ausgeschlossen.

INHALT

Ein Meerschweinchen ist trächtig 73

Wenn ein Tier geht 76

Das erwartet Sie in diesem Buch

Herzlich willkommen in der Welt der Meerschweinchen. In diesem Buch geht es um wunderbare, sehr soziale und sehr verfressene Nagetiere. Es soll als eine kleine, aber bei Weitem nicht vollständige Einführung in die Welt der Meerschweinchen angesehen werden, vielleicht sogar als Ratgeber für Unentschlossene.

Wenn Sie sich für die Haltung von Meerschweinchen interessieren, aber nicht wissen, was die Tiere brauchen, um glücklich und annähernd artgerecht gehalten zu werden, dann sind Sie hier richtig. Sie erhalten Informationen über die Herkunft, die Kommunikation und die bekanntesten Rassen der Hausmeerschweinchen sowie ihre Pflege.

Im Weiteren wird erklärt, welche Anforderungen an ein artgerechtes Gehege, egal, ob Innen-, Außen- oder Balkonhaltung, gestellt werden und was Sie dafür benötigen. Da es hier um kleine, sehr hungrige Nagetiere geht, kommt natürlich auch das Thema Ernährung nicht zu kurz.

Auch ein Abstecher in das unschöne Themengebiet der Krankheiten und Parasiten darf nicht fehlen, ebenso wenig wie ein Überblick, worauf Sie vor und beim Kauf achten sollten und was ein Meerschweinchen überhaupt kostet. Wer kauft schon gern die Katze, oder besser das Meerschweinchen, im Sack?

Meerschweinchen sind, sofern man sie artgerecht hält, leider keine günstigen Haustiere im Unterhalt.

Aber sie sind sehr interessante und liebenswürdige Beobachtungstiere, deren Haltung oft Spaß bereitet, obwohl sie auch mit viel Arbeit verbunden ist.

In diesem Buch wird bewusst nicht auf das Thema „Zucht" eingegangen, da dies ein doch recht komplexer Bereich ist, der den entsprechend weitergebildeten Züchtern vorbehalten sein sollte, um Qualzuchten zu vermeiden.

Das Meerschweinchen

Kommen wir zuerst dazu, was Meerschwein-
chen eigentlich sind. Meerschweinchen sind
Nagetiere, die wild lebend vorwiegend in
Südamerika anzutreffen sind.

Vor allem um die Anden, im flachen Grasland, an
Waldrändern, im Sumpfgebiet sowie im Gebirge bis
4000 Meter, quasi überall, wo ganzjährig Gras wächst
und Temperaturen von durchschnittlich 16–20 Grad
Celsius herrschen, sind sie zu finden.

Die Ausnahme bildet hier der dichte Regenwald,
hier leben keine Meerschweinchen.

Ansonsten leben sie in natürlichen Höhlen und in selbst gegrabenen oder auch von anderen Tieren verlassenen Erdbauten und ernähren sich, als reine Pflanzenfresser, überwiegend von Gräsern und Wiesenpflanzen, Heu, diversen Kräutern, Samen, Zweigen und Rinden und hin und wieder auch von Wurzeln. Die wild lebenden Meerschweinchen unterscheidet man in drei größere Gruppen, die Hydrochoerinae, zu denen auch das Capybara (das Wasserschwein, das größte lebende Nagetier der Welt) gehört, die eigentlichen Meerschweinchen, zu denen auch unser in Europa bekanntes Hausmeerschweinchen zählt, und die Pampashasen.

Sie unterscheiden sich nicht nur im Namen und in ihrer Optik, auch ihre Größe und das Gewicht könnten kaum unterschiedlicher sein.

Je nach Art können die Tiere eine Größe von 20 cm bis zu 130 cm, gemessen vom Kopf bis zum Rumpfende, erreichen.

Und das bei einem Gewicht von 300 Gramm (Zwergmeerschweinchen) bis zu 80 Kilogramm (Capybara) Meerschweinchen und Capybaras sind von ihrem Körperbau her und mit ihren kurzen Gliedmaßen eher kompakt, während die Pampashasen durch ihre langen Beine und die großen Ohren eher den Hasen ähneln. Wie viele andere Säugetiere auch können Meerschweinchen, was das Sehen angeht, nur Blau von Grün unterscheiden, aber kein Rot.

Einige Ureinwohner Südamerikas, vor allem die Peruaner, sollen um 5000 v. Chr. begonnen haben, Meerschweinchen überwiegend zur Nahrungsgewinnung, aber auch für religiöse Zwecke und für die Medizin zu domestizieren.

Meerschweinchen wurden in einigen Zivilisationen verehrt, es wurden sogar Statuen sowie Gemälde zu ihren Ehren errichtet bzw. gemalt.

Andere, wie die Inka, sahen sie als Opfergabe für ihre Götter. Ungefähr ab dem 16. Jahrhundert, so nimmt man an, haben spanische Seefahrer Meerschweinchen mit nach Europa gebracht, wo sie schnell bei Adligen und Reichen als exotische Heimtiere beliebt waren, bis sie letztlich Einzug in die Heime der Bürger hielten.

Meerschweinchen leben in Freiheit in Gruppen von 5–10 Tieren zusammen, vorwiegend ein Böckchen mit mehreren Weibchen, eine sogenannte Haremsgruppe. Auch bei Meerschweinchen wird die Rangordnung, genau wie bei anderen in Gruppen bzw. Rudeln lebenden Tieren, immer wieder neu geklärt, was auch mit Kämpfen einhergeht.

Meerschweinchen können sich über das ganze Jahr fortpflanzen, wobei die Geburtenrate im Frühjahr aber ansteigt. Bei einer Tragzeit von rund 56 bis 74 Tagen besteht ein Wurf meist aus einem bis zu fünf Welpen. Diese sind Nestflüchter, sie können vom ersten Tag an laufen und feste Nahrung zu sich nehmen. Da sie Säugetiere sind, werden die Jungen die ersten drei Wochen gesäugt und danach entwöhnt. Weibchen werden mit ungefähr zwei Monaten geschlechtsreif, Böckchen mit ungefähr vier bis fünf Wochen, mit einem Gewicht von ungefähr 250–300 Gramm. Wild lebende Meerschweinchen erreichen ein Alter von 4–7 Jahren.

Hausmeerschweinchen können bei guter Haltung und Pflege 8 Jahre und älter werden. Woher stammt denn nun der Name „Meerschweinchen"?

Vermutlich lässt sich der Wortbestandteil „Meer" daher ableiten, dass sie mit Schiffen über das Meer nach Europa kamen und der Wortbestandteil „Schweinchen" rührt wahrscheinlich daher, dass ihr Quieken an das Quieken unserer ansässigen Hausschweine erinnert.

Meerschweinchen sind nicht nur Nagetiere, sie sind weit mehr. Sie sind pflanzenfressende Sippen-, Flucht- und Bewegungstiere und verfügen über ausgezeichnete Sinnesorgane, sind sehr neugierig und fortpflanzungswillig. Sollten Ihre Tiere sich im Gehege nur wenig bewegen, dann liegt das eventuell daran, dass das Gehege vielleicht zu klein ist oder sie zu wenig Versteckmöglichkeiten haben. Eine Freude machen Sie Ihren Tieren, wenn Sie hin und wieder im Gehege umstellen. Meerschweinchen lieben es, Neues zu erkunden.

Allerdings sind sie, entgegen der weitverbreiteten Meinung, keine Kuscheltiere. Ganz im Gegenteil, Meerschweinchen sind scheue Fluchttiere. Daher sind sie auch nur bedingt für Kinder als Haustiere geeignet. Sie können zwar mit viel Geduld und Zeit zahm werden, aber sie werden nie zu wirklichen Kuscheltieren werden, die mit Freude auf dem Schoß sitzen und sich streicheln lassen. Sie bleiben zwar in aller Regel ruhig sitzen, das ist aber eine Art Schockstarre. Spaß macht ihnen das nicht, im Gegenteil, es bedeutet puren Stress für die Tiere.

Und Stress ist für Meerschweinchen gefährlich, denn sie werden dann anfälliger für Krankheiten und Parasiten.

Wer sich mit seinen Meerschweinchen anfreunden will, der hat im Idealfall ein Bodengehege oder zumindest einen Bodenauslauf, in den er sich zu den

Tieren setzen kann. Mit viel Geduld und Ruhe, und mit z. B. Erbsenflocken bewaffnet, kann man die Tiere dazu bringen, ihre Scheu zu überwinden.

Sie werden dann von ihrer Neugierde und ihrem Hunger geleitet und werden anfangen, Sie zu erkunden, vielleicht werden Sie sogar beklettert.

KOMMUNIKATION DER MEERSCHWEINCHEN

Wie kommunizieren Meerschweinchen eigentlich mit uns und untereinander? Und was bedeuten die einzelnen Laute?

Meerschweinchen verfügen über eine umfangreiche Lautsprache. Wenn es um das „Wichtigste" für unsere Tiere geht, um das Futter, dann betteln sie gern mal sehr lautstark, indem sie fiepen oder quieken. Sie hören es, wenn die Tiere mit einer Fütterung rechnen, z. B. weil sie das Geräusch der sich öffnenden/schließenden Kühlschranktür kennen oder weil eine Tüte raschelt/knistert, sie Sie darauf aufmerksam machen wollen, dass zu wenig Futter im Gehege ist oder wenn Sie als Fütterungsbeauftragter am Gehege vorbeikommen.

Untereinander geben die Tiere leise sogenannte

Stimmfühlungslaute von sich. Sind sie entspannt oder unternehmungslustig, hört man oft ein leises Glucksen.

Wenn Sie Ihr Meerschweinchen hochheben, z. B., um den „TÜV" durchzuführen, können Sie vielleicht ein leises Schnauben/Schnaufen hören, ein Zeichen dafür, dass es dem Tier nicht gefällt. Sollten Sie Gurrlaute aus dem Gehege vernehmen, kann es sein, dass Ihre Tiere gerade ein unangenehmes oder Angst machendes Geräusch hören.

Einen ähnlichen Gurrlaut geben sie allerdings auch von sich, wenn sie ihr Lieblingsfutter bekommen. Sie sehen, bei der Kommunikation der Meerschweinchen kommt es auf Nuancen an.

Wenn Meerschweinchen mit ihren Zähnen klappern, dann ist das eine Drohung. Meist gibt es zu diesem Zeitpunkt gerade Streitereien in der Gruppe. Um Streit zu schlichten oder aber um ein Weibchen zu umwerben, geben Meerschweinchenböcke tiefe Brummlaute von sich. Sollte eines Ihrer Meerschweinchen zwitschern/zirpen kann das bedeuten, dass es sich in einem Zwiespalt befindet oder sehr gestresst ist. Wenn eines Ihrer Meerschweinchen jedoch laut und schrill quietschen oder pfeifen sollte, dann hat es sehr große Angst oder Schmerzen. Dieses Tier sollte umgehend einem erfahrenen Tierarzt vorgestellt werden, um eventuelle Krankheiten/Verletzungen abklären zu lassen.

Meerschweinchen kommunizieren aber nicht nur über Laute, sondern auch über Körpersprache. Wobei ihre Mimik nicht so ausgeprägt ist wie die von z. B. Hunden und Katzen. Man kann sich aber am Fell und an den Augen sowie der Körperhaltung orientieren. Durch die unterschiedlichen Fellvarianten ist eine Interpretation über das Fell aber eher schwierig. Generell lässt sich aber beobachten, dass mattes, stumpfes Fell auf eine schlechte Haltung oder auf ein gesundheitliches Problem hindeutet.

Hat das Meerschweinchen das Fell angelegt und dabei die Augen weit und kugelrund aufgerissen, so hat es Angst oder befindet sich in einer stressigen Situation. Sind die Augen dagegen zusammengekniffene Schlitze in Kombination mit einer gekrümmten Körperhaltung, dann fühlt es sich nicht wohl.

Beim Schlafen oder Entspannen sind die Augen dagegen halb offen oder ganz geschlossen. Wenn Meerschweinchen imponieren wollen, machen sie sich möglichst groß, oft auch mit gesträubtem Fell. Ein das Weibchen umwerbender Bock macht sich ebenfalls groß und umkreist dann mit seitlichen Schritten und schwingendem Hinterteil das Weibchen, während er dabei brummt.

Sollte das Verhalten des Bockes dem Weibchen allerdings zu aufdringlich werden, dann wehrt sie es durch Abwehrharnen ab. Aber auch andere aufdringliche Gruppenmitglieder werden so abgewehrt. Erwachsene Tiere liegen oft nicht mehr kuschelnd beieinander, stattdessen bekunden sie ihre Zuneigung zueinander durch das gegenseitige Berühren im Bereich des Kopfes oder der Ohren mit der Schnauze. Daher ist das auch die beste Stelle, um die Tiere sanft zu berühren. Das Hochwerfen des Kopfes ist dagegen eine Droh- oder Abwehrgeste.

WELCHE RASSEN GIBT ES?

Peruaner	Langes und glattes Fell mit Mittelscheitel und Pony, daher eher für Fortgeschrittene geeignet
Rosetten	Bis 3 cm kurzes, abstehendes Fell, für Anfänger geeignet
Irish crested	Kurzes, glattes, eng anliegendes Fell mit „Krone", für Anfänger geeignet

CH-Teddy/ US-Teddy	Bis zu 6 cm, mittellanges, krauses, dichtes und abstehendes Fell, für Anfänger geeignet
Alpaka	Langes, dichtes, lockiges Fell, eher für fortgeschrittene Halter aufgrund der Fellpflege
Skinny	Nackt bzw. kaum Fell, werden schnell zutraulich
Texel	Langes (12 cm und länger) und lockiges Fell, aber eher für fortgeschrittene Halter geeignet
Sheltie	Langes, dichtes und glattes Fell, aufgrund der Fellpflege eher für fortgeschrittene Halter geeignet
Rex	Kurzes, abstehendes und krauses Fell, gut für Anfänger geeignet
American crested	Kurzes, glattes, eng anliegendes und dichtes Fell mit weißer „Krone", für Anfänger geeignet
English crested	Kurzes, glattes, eng anliegendes Fell mit „Krone", für Anfänger geeignet
Cuy	Riesenmeerschweinchen, kürzere

	Lebenserwartung und sehr scheu, eher für fortgeschrittene Halter geeignet (heißen nur im deutschsprachigen Raum Cuy!)
Himalaya	Albino-Meerschweinchen, für Anfänger geeignet
Coronet	Langes, glattes, dichtes Fell mit „Krone", eher für fortgeschrittene Halter aufgrund der Fellpflege
Angora	Bis zu 8 cm langes Fell, eher für fortgeschrittene Halter aufgrund der Fellpflege
Glatthaar	Bis 3 cm kurzes, glattes, eng anliegendes und dichtes Fell, für Anfänger geeignet
Kurzhaar-Peruaner	Mittel langes, glattes Haar mit Pony, für Anfänger geeignet
Mohair	Langes und lockiges Fell, aufgrund der Fellpflege her für fortgeschrittene Halter geeignet
Merino	Langes, dichtes und lockiges Fell, aufgrund der Fellpflege eher für fortgeschrittene Halter geeignet

Natürlich unterscheiden sich die Rassen auch noch

durch andere Merkmale, z. B. im Verhalten, der Lebenserwartung, ...

Diese Auflistung ist nur sehr grob gehalten und soll einen kleinen Überblick über die verschiedenen Rassen und ihre optischen Unterschiede geben.

DIE VERSCHIEDENEN GRUPPEN

Wie Sie ja schon im Kapitel „Das Meerschweinchen" erfahren haben, leben wilde Meerschweinchen in einer Haremsgruppe. Dies stellt somit die natürlichste der Gruppen dar, in welcher man Meerschweinchen halten kann.

Darüber hinaus kann man aber noch andere Gruppenkonstellationen bilden:

Harem	Natürlichste Haltungsform, ein (kastrierter) Bock auf mindestens zwei Weibchen. Für Anfänger empfohlen.
Weibchen-gruppe	Reine Weibchenhaltung ohne Bock, hier sollten es auch mindestens zwei Weibchen sein. Für Anfänger geeignet.

Böckchen-gruppe	Besteht nur aus unkastrierten Böckchen. Diese Gruppe braucht mehr Platz als die anderen und es kann zu derben Range-leien kommen. Nur für fortgeschrittene Halter.
Bock-/ Kastraten-gruppe	Besteht aus einem erfahrenen Bock und mehreren Frühkastraten. Eher für fortge-schrittene Halter geeignet.
Kastraten-gruppe	Besteht nur aus kastrierten Böckchen. Im Idealfall ein Spätkastrat und mehrere Frühkastrate. Für Anfänger geeignet.
Gemischte Gruppe	Eine erweiterte Form der Haremsgruppe, mehrere kastrierte Böckchen mit min-destens drei, eher mehr, Weibchen pro kastriertem Böckchen.

UNTERSCHIED FRÜHKASTRAT UND SPÄTKASTRAT

Worin unterscheidet sich nun der Früh- von einem Spätkastraten? Meerschweinchenböckchen werden im Alter von 4–5 Wochen und einem Gewicht von 250– 300 Gramm geschlechtsreif und können dann mit einem geschlechtsreifen Weibchen Nachwuchs zeugen. Da das aber in der privaten Haltung schnell ausufern kann, sollte man bei der Harems- oder Gemischtgruppenhaltung nur kastrierte Böckchen in der Gruppe halten. Beim Frühkastraten wird die Kastration vor dem Abwandern der Hoden, also bevor die Böckchen geschlechtsreif werden, durchgeführt. Der Frühkastrat kann dann direkt nach der Kastration wieder zurück in seine Gruppe und vor allem zu seiner Mama. Der Spätkastrat ist bei seiner Kastration schon geschlechtsreif.

Daher muss er nach der Kastration eine 6-wöchige Kastrationsfrist absitzen, denn es können noch lebensfähige Spermien in den Samenleitern sein und es kann sonst zu ungewollter Trächtigkeit kommen. Für das Meerschweinchen, das ja ein Gruppen-/Rudeltier ist, ist also die Frühkastration die bessere Wahl, da es dann nicht von der gewohnten Gruppe isoliert werden muss.

DAS ERZIEHERSCHWEINCHEN

Jede Gruppe sollte ein sogenanntes Erzieherschweinchen haben. Erzieherschweinchen sind erwachsene, mindestens 1 Jahr alte Tiere, die bereits gut sozialisiert wurden und ihr Wissen entsprechend an die Jungtiere weitergeben können.

Ein Erzieherschweinchen, was bereits gute Erfahrungen mit Menschen gemacht hat, gibt dann sein erlangtes Vertrauen auch an die Jungtiere weiter, sodass diese schneller zutraulich werden können. Außerdem lernen die Jungtiere vom Erzieherschweinchen, was sie alles fressen können und was nicht, und sie werden auch gemaßregelt.

Sie lernen quasi alles, was es braucht, um ein Meerschweinchen zu sein. Aber auch ein Erzieherschweinchen kann mal an seine Grenzen stoßen, das passiert vor allem dann, wenn viele Jungtiere auf einmal in die Rappelphase (vergleichbar mit der Pubertät) kommen. Um das zu vermeiden, sollte man seine Gruppe vom Alter her gut gemischt halten.

Das Gehege

Bevor Sie sich an den Gehegebau machen können, sollten Sie überlegen, welche Gruppen-
konstellation mit wie vielen Tieren Sie halten
wollen, denn je nach Gruppengröße und -konstellation
brauchen die Tiere unterschiedlich viel Platz. Die absoluten Mindestmaße für ein Meerschweinchengehege
sind:

bei 2–3 Tieren → 2 qm (besser aber 3 qm)
pro zusätzlichem Weibchen → + 0,5 qm
pro zusätzlichem Böckchen → + 1,0 qm

Dabei   gilt: Je   mehr   Platz,   desto besser! Meerschweinchen benötigen zudem mindestens eine Laufstrecke von 2 m, diese sollte auch nicht mit Häusern, Unterständen und anderem verstellt sein.

Oft sieht man auch Gehege mit mehreren Ebenen. Diese werden auch von vielen, nicht allen, Meerschweinchen genutzt, sofern der Aufstieg nicht zu steil gehalten ist. Aber auch mit Ebenen sollte sich die Mindest-Grundfläche über die unterste Ebene erstrecken. Sie sollten sich auch vorab überlegen, wo das Gehege stehen soll. Nicht jeder Ort im Haus oder in der Wohnung ist optimal. Da Meerschweinchen tags wie nachts aktiv und dabei mitunter recht laut sein können, sind Kinder- und Schlafzimmer nicht die richtigen Räume. Der Standort sollte auch nicht zu warm sein, bedenken Sie, dass die Tiere aus einer Gegend stammen, in der es durchschnittlich zwischen 16 und 20 Grad Celsius hat.

Um diese Anforderungen an ein Gehege zu erfüllen, bleibt Ihnen sehr wahrscheinlich nichts anderes übrig, als selbst Hand anzulegen oder einen Tischler / Schreiner / Volierenbauer zu beauftragen. Das Angebot an fertigen Käfigen und Gehegen ist eher schlecht. Zum einen sind die meisten überteuert und die Qualität dafür oft minderwertig, zum anderen sind sie oft schlicht nicht für Meerschweinchen geeignet.

Haben Sie noch andere Haustiere, z. B. Katzen oder Hunde? Dann sollten Sie bei der Planung des Geheges darauf achten, dass es entsprechend gesichert ist. Bei Hunden reicht es oftmals schon, je nach Charakter des Hundes, das Gehege erhöht zu stellen. Bei Katzen im Haushalt sollte es auch von oben gesichert werden, um die Meerschweinchen vor Attacken zu schützen.

Für den eigentlichen Gehegebau eignet sich am besten Holz, aber auch einige Möbel, z. B. von einem schwedischen Möbelhaus, lassen sich gut zu Gehegen umbauen. Hierzu findet man diverse Anleitungen im Internet. Wenn Sie das Gehege erhöht stellen wollen, dann bietet es sich an, die Fronten aus Plexiglas zu gestalten, um die Tiere besser beobachten zu können. Sollte eine Sicherung von oben nötig sein (Katzen), empfiehlt es sich, das Ganze mit einem Gitter zu machen, damit die Belüftung des Geheges gewährleistet ist. Wer handwerklich nicht ganz so begabt ist, und keine Absicherung von oben benötigt, kann auch auf ein „Steck-Schuhregal" zurückgreifen,

von einer Firma, die ein solches „Steck-Schuhregal"
anbietet,

gibt es auch Kleintiergehege, die auf demselben
Prinzip beruhen. Die dazugehörige Bodenplatte ist
aber bei Meerschweinchen oft unnötig, warum das
so ist, dazu kommen wir noch. Von daher reicht es in
der Regel aus, auf das „Steck-Schuhregal" zurückzu-
greifen.

DER GEHEGEUNTERGRUND

Wenn Sie ein Bodengehege planen, dann brauchen
Sie meistens keine Bodenplatte. Die Bodenplatte
macht Sinn, wenn das Gehege erhöht stehen soll und
nicht vollständig auf einer Fläche aufliegt. Aber
selbst mit Bodenplatte sollten Sie den Gehegeunter-
grund entsprechend vor Urin und Kot schützen.

Hierzu kann man z. B. Teichfolie, PVC oder auch
Wachstuch nehmen. Auf diese kommt dann entweder
Einstreu oder bei Fleece-Haltung entsprechend Inkon-
tinenz-Molton-Unterlagen sowie Fleecedecken. Bei der
Fleece-Haltung empfiehlt es sich zudem, unter Häu-
sern/Unterständen und um den Futterplatz noch zu-
sätzlich sogenannte Pipi-Pads (Inkontinenz-Molton-
Unterlage mit Fleece vernäht) zu legen, sodass man

diese hoch frequentierten Stellen leichter sauber halten kann.

DIE EINSTREU

Welche Einstreu sollte man verwenden? Der Markt für Einstreu ist mittlerweile sehr ergiebig. Für welche Sie sich entscheiden sollten, hängt auch davon ab, ob es Allergiker im Haushalt gibt.

Um Ihnen einen groben Überblick zu verschaffen, haben wir das Ganze in einer kleinen Tabelle zusammengefasst:

Einstreu	Vorteile	Nachteil
Dinkelstreu	Enthält keine Gerbsäure, staubfrei	Preis
Boxengold	Fast staubfrei, gute Saugfähigkeit	Preis
Kokosstreu	Sehr ergiebig, optisch schön	Staubt beim Reinigen, der Preis
Holzspäne	Preis, Geruchsbindung	hohes Mistvolumen

Weichholzgranulat	Gute Saugfähigkeit und Geruchsbindung	Staubt
Buchenholzgranulat	Optisch sehr schön, staubarm	Im Vergleich härter als andere Einstreu
Leinenstroh	Geringeres Mistvolumen, staubarm, gute Geruchsbindung	Manche Partikel sind etwas spitz und können bei den Tieren zu Verletzungen führen
Hanfstreu	Nahezu staubfrei, frischer, Geruch, gute Geruchsbindung, gut zu kompostieren	Hoher Preis, manche Partikel sind etwas spitz und können bei den Tieren zu Verletzungen führen
Elefantengrashäksel	Angenehmer Eigengeruch, gute Geruchsbindung und Saugfähigkeit, kann als Dünger verwendet werden	Hoher Preis, ist etwas härter und eher im Gemisch mit weicherem Einstreu zu verwenden.

Cellu-lose-Ein-streu	Nahezu staubfrei, sehr gute Saugfähig-keit, gute Geruchs-bindung	Der Preis
Stroh-pellets	Sehr saugfähig und gute Geruchsbin-dung, ergiebig	Staubt leicht
Stroh	Besonders tierge-recht	Nicht ohne „Unters-treu"

Allergiker sollten sich vorher noch etwas genauer mit dem Thema Einstreu auseinandersetzen.

DIE FLEECE-HALTUNG

Für z. B. Hausstauballergiker oder Menschen, die nicht ständig misten wollen, bietet sich die sogenannte Fleece-Haltung an. Sie stellt mittlerweile eine echte Alternative zu der sonst gängigen Haltung mit Einstreu dar. Sie erscheint im ersten Moment recht kostenintensiv, da die Anschaffung der benötigten Materialien natürlich Geld kostet, dafür sinken die Kosten aber immens bei der laufenden Haltung – gegenüber den Kosten bei der Haltung mit Einstreu. Die Fleece-Haltung bietet folgende Vorteile:

- sie staubt nicht
- es gibt kaum Müll
- es verteilt sich keine Einstreu im Wohnraum
- sie ist allergiearm

Die Nachteile sind die höhere Belastung der Waschmaschine und der etwas höhere Aufwand bei der Reinigung des Geheges.

Was benötigen Sie für diese Form der Haltung?

- Fleecedecken oder -meterware
- Inkontinenz-Molton-Unterlagen
- Pipi-Pads
- Waschmaschine (Sie können natürlich Ihre vorhandene Waschmaschine benutzen)
- Handfeger mit Gummiborsten

Haben Sie sich für die Fleece-Haltung entschieden, dann sollten Sie darauf achten, dass Sie den Fleece und die Inkontinenz-Molton-Unterlagen vor der Verwendung im Gehege waschen. Das Fleece am besten dreimal bei mindestens 60 Grad, so werden die meisten Schadstoffe ausgewaschen und er wird durchlässiger.

Bei den Inkontinenz-Molton-Unterlagen reicht ein Waschgang vorab.

Vergewissern Sie sich, dass Sie genug Material haben, um beim wöchentlichen Reinigen genug zum Auswechseln zu haben.

Wie schon weiter vorne im Buch grob beschrieben, wird nun als Erstes eine Schicht, bestehend aus den Inkontinenz-Molton-Unterlagen, auf den urindichten Untergrund (Teichfolie, PVC, Wachstischtuch, ...) gelegt, darüber kommt das Fleece und an den hochfrequentierten Stellen (unter Häusern, Unterständen, um den Futterplatz, ...) noch zusätzlich die Pipi-Pads. Diese können Sie dann, je nach Bedarf, alle ein bis zwei Tage austauschen, um Geruchsbildung zu vermeiden und sicherzugehen, dass die Tiere nicht im Feuchten sitzen.

Um den Kot zu entfernen, bietet sich hier ein Handfeger mit Gummiborsten an.

HÄUSER/ UNTERSTÄNDE UND SPIELZEUG

Sie dürfen in keinem Meerschweinchengehege fehlen: Häuser und Unterstände. Hier sollten Sie darauf achten, dass die Häuser mindestens zwei Ein- bzw. Ausgänge haben, damit die Tiere sich bei Streitigkeiten

DIE AUßENHALTUNG

Bei der Außenhaltung gibt es einiges mehr zu beachten als bei der Innenhaltung. Die Gefahr durch Fressfeinde ist größer. Fuchs, Marder und Co. freuen sich, wenn sie auf ein nicht ausreichend gesichertes Gehege treffen. Auch die Temperaturen und Witterung können für unsere Meerschweinchen gefährlich werden, wenn sie keinen geeigneten Rückzugsort im Außengehege haben.

Sie sehen also, dass es bei der Außenhaltung wichtig ist, sich vorher ausreichend Gedanken zu machen, wie Sie Ihre Tiere schützen können. Und Sie sollten sich auch darüber bewusst sein, dass Sie selbst bei Wind und Wetter nach draußen müssen, um Ihre Meerschweinchen zu füttern, das Gehege zu reinigen und einfach, um nachzuschauen, ob alles in Ordnung ist.

Auch hier werden Sie wohl, wie auch schon beim Innengehege beschrieben, selbst Hand anlegen oder einen Fachmann beauftragen müssen, um ein solides, artgerechtes Außengehege zu bekommen.

Die gängigen Gehege, die man im Handel erwerben kann, sind entweder zu klein, nicht genug abgesichert gegen Fressfeinde (Draht/Gitter sind oft nicht stabil genug oder zu grobmaschig), oder von minderwertiger Qualität. Das Holz ist oft zu dünn und übersteht meist nur eine Saison.

Bevor Sie sich für ein Außengehege entscheiden, sollten Sie wissen, dass Sie für die Außenhaltung mindestens 4 Tiere benötigen, damit diese sich in z. B. kühlen Nächten gegenseitig wärmen können. Das Gehege sollte an einem Platz stehen, an dem es nicht zu zugig ist und der nur zum Teil in der Sonne liegt.

Es gibt verschiedene beliebte Gehegearten, unter anderem das begehbare Gehege, das Pyramidengehege, das halbhohe Gehege, das Bodengehege, ...

Damit das zukünftige Gehege später auch von allen Seiten gesichert ist, sollten Sie den Untergrund entsprechend vorbereiten. Bewährt hat sich hier, unter anderem, den Gehegeboden auszuheben, mit Volierendraht auszulegen und den gewünschten Bodengrund aufzubringen, das Gießen eines Fundaments, den Boden am Gehegerand min. 30–100 cm auszuheben und den Volierendraht dort senkrecht einzulassen oder die Fläche komplett mit Gehwegplatten auslegen.

Kommen wir jetzt dazu, was Sie alles für ein gut gesichertes Außengehege (natürlich gibt es auch noch andere Materialien für den Bau eines Außengeheges) benötigen:

Holz (stabiler Balken, Dachlatten, Kanthölzer), entsprechend der geplanten Gehegegröße

Volierendraht (punktverschweißt, maximale Maschenweite von 19 x 19 mm, Dicke von min. 1,0 mm, verzinkt (am besten feuerverzinkt)

Anstatt Volierendraht geht auch ein dickes, nicht biegbares Gitter, dessen Lücken maximal 3,5 cm groß sein dürfen, um Marder-sicher zu sein.

Schrauben und eventuell Winkel

je nach Gehegeart: Wellplatten als Dach

evtl. Gehwegplatten

Sollten Sie die Tiere ganzjährig draußen halten wollen, benötigen Sie noch eine isolierte Schutzhütte, die, wie bei allem, was mit Meerschweinchen zu tun hat, ausreichend Platz bieten sollte.

Beim Bau einer solchen Hütte sollten Sie darauf achten, dass die Luftzirkulation gewährleistet ist, um Schimmelbildung zu vermeiden.

Wenn das Außengehege steht, müssen Sie sich noch für einen Untergrund entscheiden, auf dem die Meerschweinchen leben sollen.

Aufgrund der unterschiedlichen Witterungsverhältnisse draußen eignen sich leider nicht alle Einstreu, die wir in der Innenhaltung verwenden, für die

Außenhaltung.

Gehwegplatten	Lassen sich gut reinigen oder sogar desinfizieren, sind gut für den natürlichen Abrieb der Krallen
Stroh/ Heu / Streu	Für den Außenbereich eher ungeeignet, außer in überdachten, trockenen Bereichen, neigt zu Schimmelbildung bei Feuchtigkeit
Rindenmulch	Optisch schön, oft mit Schimmelpilzen befallen, kann Bestandteile für Meerschweinchen giftiger Hölzer enthalten (z. B. Eibe)
Erde / Wiese	In kleineren Gehegen nicht zu empfehlen, wird schnell matschig, schlecht sauber zu halten, für größere Gehege für Teilbereiche aber gut geeignet
Sand	Gut für Teilbereiche des Geheges geeignet, verschmutzt bei Regen nicht die Meerschweinchen, Kot lässt sich aber schlecht raussammeln.
Pinienrindenmulch	Ist in der Regel frei von für Meerschweinchen giftigen Hölzern/Rinden, ist aber wie der Rindenmulch häufig mit Schimmelpilzen belastet und neigt daher auch zum

	Schimmeln bei Nässe, aber optisch sehr schön
Kies und Steine	Sind leider völlig ungeeignet, da sie sich kaum reinigen lassen und für die Meerschweinchen kein angenehmes Laufgefühl bieten

Auch in der Außenhaltung freuen sich Meerschweinchen über ausreichend Häuser, Unterstände, Tunnel / Röhren, quasi alles, was Sicherheit und einen guten Platz zum Entspannen bietet. Hier wäre es, vor allem aufgrund der Witterung und nicht nur wegen Urin, angebracht, die Häuser / Unterstände mit einem Speichelechten Lack (z. B. Spielzeuglack) zu lackieren.

Sollen die Meerschweinchen nur über die warmen Monate in Außenhaltung leben, ist eine isolierte Schutzhütte nicht zwingend notwendig.

Beachten Sie aber, dass Sie die Tiere, wenn die Temperaturen nachts auf unter +10 Grad absinken, in die Innenhaltung holen. Dasselbe gilt, wenn Sie die Tiere von Innenhaltung in Außenhaltung setzen möchten, auch hier sollten die Tiefstwerte bei der Temperatur, auch nachts, konstant bei +10 Grad Celsius und mehr liegen, ansonsten empfiehlt es sich nicht, die Tiere hinauszusetzen.

Der Temperaturunterschied ist sonst zu groß, was Stress bedeutet und somit die Infektanfälligkeit erhöht.

DIE BALKONHALTUNG

Neben der regulären Innen- und der Außenhaltung gibt es noch die Balkonhaltung. Gerade für Menschen in städtischen Bereichen, die vielleicht keinen eigenen Garten zur Verfügung haben, stellt diese Haltungsform eine Alternative dar.

Zumindest, wenn es sich nicht gerade um einen Südbalkon handelt, denn bei diesen wird die Hitze in den Sommermonaten für die Meerschweinchen oft unerträglich und es droht der Hitzschlag!

Auch bei der Balkonhaltung benötigen Sie, je nach Gruppengröße, mindestens 2 qm an Platz, Häuser und Unterstände sowie, wenn der Balkon nicht überdacht oder zumindest zum Teil überdacht ist, eine Überdachung in einem Bereich und der Balkon sollte gegen Fressfeinde wie Fuchs und Marder gesichert sein.

Auch das Balkongeländer sollte so abgesichert sein, dass die Meerschweinchen nirgends mit ihrem

Kopf hindurchpassen. In der kalten Jahreszeit brauchen Sie eine isolierte Schutzhütte ähnlich wie bei der Außenhaltung. Sollten Sie sich für die Balkonhaltung entscheiden und zur Miete wohnen, müssen Sie bedenken, dass Sie die Mietsache nicht beschädigen dürfen und dass Sie vielleicht einige Regeln bezüglich der Gehegehöhe beachten müssen.

Um Ärger zu vermeiden, können Sie vorab Ihren Vermieter informieren. Generell kann Ihnen die Haltung von Meerschweinchen auf dem Balkon nicht verboten werden, solange es sich nicht um eine Zucht handelt oder die Einstreu/der Geruch die anderen Parteien belästigt.

Ernährung

Jetzt zum, aus Sicht der Meerschweinchen, wahrscheinlich wichtigsten Punkt: die Ernährung der kleinen nimmersatten Nager. Wenn Meerschweinchen wach/aktiv sind, sind sie eigentlich immer auf der Suche nach Nahrung.

Meerschweinchen sind reine Pflanzenfresser und aufgrund ihrer doch speziellen Verdauung sollte immer Futter für sie bereitstehen. Der Magen von Meerschweinchen ist nämlich nur schwach bemuskelt und kann den Nahrungsbrei nicht allein in den Darm weiterbefördern, das heißt, es muss immer Nahrung nachkommen, um den Nahrungsbrei vom Magen zum Darm weiter zu befördern.

Zudem gehören Meerschweinchen zu den wenigen Wirbeltieren, die Vitamin C nicht selbst bilden können und es somit über die Nahrung zuführen müssen.

Verzichten Sie jedoch auf billiges Trockenfutter/ Pellets. Diese sind von minderwertiger Qualität und so behandelt, dass ihnen die für die Verdauung der Meerschweinchen wichtige Struktur fehlt. Zudem sind sie, wie auch Knabberstangen und hartes Brot, schlecht für die Zähne der Tiere, sie verringern den Zahnabrieb und erzeugen zu starken Druck auf die Zahnwurzeln, was Zahnerkrankungen begünstigt.

Was eignet sich also als Futter für unsere kleinen Freunde? Im Sommer ist die Auswahl leicht, viel frische Wiese und Wiesenpflanzen, Kräuter, Zweige, ab und an ein bisschen Obst und immer, wirklich immer (24/7) Heu.

Im Winter kann das Futter schon ein ganz schöner Kostenfaktor sein, da unsere Meerschweinchen immer frisches Futter benötigen, und das viel. Für die Fütterung im Winter bietet sich Kohl in allen Sorten an, diverse Salate usw., siehe Tabelle.

Heu bekommen Sie z. B. im Supermarkt, in der Zoohandlung, über das Internet oder, am günstigsten, vom Landwirt von nebenan. Hier unterscheidet man zwischen dem ersten und dem zweiten Schnitt. Was unterscheidet nun den ersten vom zweiten Schnitt? Der erste Schnitt erfolgt meistens im Frühsommer, das Heu enthält dann mehr Rohfasern, Fette, hochwertige Proteine und Samen. Es ist holziger als das Heu vom zweiten Schnitt und fördert somit den Zahnabrieb.

Der zweite Schnitt erfolgt im Spätsommer, die Halme sind kleiner und feiner, da sie langsamer gewachsen sind. Der Anteil an Wildkräutern und Wiesenpflanzen ist im zweiten Schnitt höher, sodass es für die Meerschweinchen das schmackhaftere ist. Ideal für die Ernährung ist jedoch eine Mischung aus beidem.

Das einzige wirklich Wichtige, worauf Sie beim Heu achten müssen, ist, dass dieses keine Herbstzeitlose enthält. Herbstzeitlose ist für Meerschweinchen selbst in geringen Mengen hochgiftig, da sie das Gift Colchicin, welches Ähnlichkeiten mit Arsen aufweist, enthält.

Die folgenden Tabellen, geben Ihnen einen kleinen Einblick, was Sie alles verfüttern können, wobei die Auflistung nicht vollständig ist. Wir starten mit Gemüse/ Salaten:

Bambus	Stangen-sellerie	Chicorée
Eisbergsalat	Eichblatt-salat	Endivie
Feldsalat	Fenchel	Frisée-Salat
Grünkohl	Gurke	Herbstrüben
Karotten	Karotten-grün	Kiwano Horngurke
Knollensel-lerie	Kopfsalat	Krauser Blattsalat
Kürbis	Löwen-zahn	Mairübe
Pak Choi	Paprika	Pastinake
Petersilien-wurzel	Radicchio	Radieschenblätter
Romanasa-lat	Rosenkohl	Rucola
Spitzkohl	Steckrübe	Tomate (nur die Frucht, nicht die Pflanze!)
Weißkohl	Wirsing	Zucchini

Zuckerhut	Rote Bete	

Auch gern genommen werden <u>Zweige</u>, sie sind wichtig für den Zahnabrieb der Tiere:

Ahorn	Apfelbaumzweige	Zweige der Apfelbeere
Äste der Aprikose	Bambus (kein Glücksbambus!)	Birkenäste
Birnbaumäste	Brombeerpflanze komplett	Zweige u. Blätter der Buche
Erlenzweige	Eschenzweige	Felsenbirne
Flieder	Forsythie	Ginkgo
Hasel	Heidelbeere	Himbeeräste
Johannisbeere	Kirschzweige	Lärche
Linde	Pappelzweige	Pflaumenäste
Quittenäste	Ranunkelstrauch	Spiere
Stachelbeerzweige	Ulme	Weide
Weinblätter- und zweige		

Kräuter sollten auch nicht fehlen:

Basilikum	Beifuß	Bohnenkraut
Borretsch	Dill	Estragon
Kamille	Kapuzinerkresse	Kerbel
Koriander	Kresse	Liebstöckel
Majoran	Melisse	Oregano
Rosmarin	Thymian	Pfefferminze
Petersilie	Salbei	

Im Sommer können Sie folgende Wiesenpflanzen anbieten:

Acker-Hellerkraut	Acker-Kratzdistel	Acker-Schachtelhalm
Acker-Senf	Ackerwinde	Baldrian
Barbarkraut	Bastard-Lichtnelke	Beifuß
Berufkraut	Blutweiderich	Bocksbart
Borretsch	Breitblättriger	Breitwegerich

	Rohrkolben	
Brennesel	Brunnenkresse	Dost
Duftveilchen	Echtes Labkraut	Ehrenpreis
Eselsdistel	Faden-Klee	Feld-Klee
Feldsalat	Fetthenne	Flockenblume
Floh-Knöterich	Franzosenkraut	Futterwicke
Gänseblümchen	Gänsedistel	Giersch
Habichtskraut	Johanniskraut	Klatschmohn
Klette	Knopfkraut	Königskerze
Kratzdistel	Löwenzahn	Margerite
Nachtkerze	Pfennigkraut	Raps
Ringelblume	Rote Lichtnelke	Schafgarbe
Sonnenblume	Spargel	Spitzwegerich
Taubnessel	Vogelmiere	Wasserminze

Zaunwinde	Zottige Wicke	

Und hin und wieder können Sie, mehr als Leckerli, etwas <u>Obst</u> anbieten:

Bananen	Birnen	Cranberry
Erdbeerpflanze	Guave	Hagebutte
Honigmelone	Pfirsich	Pflaumen
Sanddornbeere	Trauben	Wassermelone
Äpfel	Aprikosen	Zuckermelone

Generell sollten Sie beim Füttern von Obst und Wurzeln sparsam sein, da diese doch recht zuckerhaltig sind und so zu einer ungesunden Gewichtszunahme und Erkrankungen (z. B. Diabetes) führen können.

Wenn Sie Kohl füttern, achten Sie darauf, diesen, wie am besten alles, was Sie neu anbieten, anzufüttern. Das heißt, Sie steigern die Menge von Tag zu Tag ein wenig. Dann kann die empfindliche Verdauung der Meerschweinchen sich besser darauf einstellen und es kommt nicht so schnell zu Aufgasungen. Kohl sollte niemals in Kombination mit Trockenfutter/Pellets gefüttert werden, da diese Kombination die Verdauung überfordert und häufig zu Aufgasungen führt.

Achten Sie immer darauf, dass die Tiere genug Futter, Wasser und Heu im Gehege haben und das Futter nicht gegart wurde. Bedenken Sie auch, dass Pflanzen, die im Baumarkt verkauft werden, häufig mit Pestiziden belastet sind.

Es gibt ein paar Lebensmittel, die den Urin verfärben können. Das ist harmlos und beim Weglassen des entsprechenden Nahrungsmittels sollte der Urin wieder die normale Färbung annehmen. Zu diesen Lebensmitteln gehören z. B. Löwenzahn und Rote Bete.

Pflege

Neben der Reinigung des Geheges (welche mindestens einmal wöchentlich erfolgen sollte, da Meerschweinchen nicht stubenrein sind und überall Kot und Urin absetzen), sollten Sie Ihre Tiere einmal wöchentlich einer Untersuchung, dem sogenannten „TÜV", unterziehen.

Hierbei kontrollieren Sie das Gewicht, z. B. unter Zuhilfenahme einer Küchenwaage, das Fell und die Haut, die Krallen, die Augen, den Mundraum samt Zähnen, die Geschlechtsteile und Perinealtasche. Achten Sie vor allem auf Verletzungen, Verklebungen, Ausfluss, kahle Stellen (hinter den Ohren haben die meisten Meerschweinchen eine etwas kahle Stelle, das ist normal und kein Grund zur Besorgnis), Parasiten, …

Sie fragen sich jetzt wahrscheinlich: Was ist die Perinealtasche?

Männliche Meerschweinchen haben die sogenannte Perinealtasche im Intimbereich. In dieser bewahren sie quasi ihren Geruch auf und tragen ihn herum. Diese „Tasche" eignet sich hervorragend, um das Revier zu markieren. Einmal kurz ausgestülpt und über den Boden gerubbelt, Zack, Revier markiert. Dabei kann sich aber immer mal etwas Einstreu in der Tasche verfangen. Normalerweise reinigen die Böcke diese Tasche selbst, schließlich sind Meerschweinchen sehr reinliche Tiere, auch wenn man das angesichts der Kotverteilung im Gehege kaum glauben mag.

Manche Böcke reinigen die Tasche aber nicht wie benötigt, sodass es irgendwann für Halter und Schweinchen unangenehm werden kann, das Ganze fängt nämlich mit der Zeit an zu stinken. Dann können Sie entweder selbst Hand anlegen oder Sie lassen die Perinealtasche beim Tierarzt reinigen. Sollten Sie die Reinigung selbst übernehmen wollen, können Sie Ihren Tierarzt oder einen erfahrenen Halter fragen, ob er Sie die ersten Male anleitet. Sie benötigen ein mit etwas Speiseöl befeuchtetes Wattestäbchen, mit dem Sie die Perinealtasche einfach auswischen. Sollte diese mal sehr überfüllt sein, dann brauchen Sie entsprechend mehr Speiseöl oder Gleitgel, um Verletzungen zu vermeiden.

Die Kontrolle des Gewichts ist wichtig, da Meerschweinchen es gut zu verbergen wissen, wenn sie krank sind. Anhand des Gewichts kann man ganz gut sehen, ob es den Tieren so weit gut geht.

Wenn ein Tier plötzlich merkbar an Gewicht verliert, dann sollten Sie es einem erfahrenen Tierarzt vorstellen. Nicht, dass eine ernsthafte Erkrankung unerkannt bleibt!

Wie viel die einzelnen Tiere wiegen sollten, hängt auch von der Rasse ab, aber im Groben gilt:

Ausgewachsene Weibchen	700–1200 g
Ausgewachsene Böckchen	800–1600 g

Das ideale Gewicht hängt aber vom Körperbau jedes einzelnen Tieres ab. Daher ist die regelmäßige Kontrolle sehr wichtig, um einen Abwärtstrend beim Gewicht rechtzeitig zu erkennen.

Ob ein Tier Untergewicht hat, können Sie aber auch noch daran erkennen, dass es sich knochig anfühlt, das Becken steht spitz ab und ist knochig und die

Nase steht spitz hervor.

Die Kontrolle der <u>Zähne</u> ist auch ein sehr wichtiger Punkt, da die Schneide- und Backenzähne ein Leben lang nachwachsen. Leider ist der Zahnabrieb nur aufgrund von härterem Futter, etwa Zweigen, weitgehend zu vernachlässigen. Hauptsächlich nutzen die Zähne sich gegenseitig beim Kauen und Nagen ab. Daher ist es wichtig, immer wieder Nahrungsmittel anzubieten, bei denen vermehrt gekaut werden muss, also faserreiche Kost.

Wenn keine Schiefstellung der Zähne vorliegt, dann schleifen sie sich bei den normalen Mahlbewegungen gegenseitig ab.

Die <u>Krallen</u> sollten auch bei jedem „TÜV" kontrolliert werden, da zu lange Krallen zu Fehlstellungen des Bewegungsapparates führen können. Auch das Kürzen der Krallen können Sie sich von Ihrem Tierarzt oder einem erfahrenen Halter zeigen lassen. Sie sollten mit einer Krallenschere, -zange oder einem Nagelknipser schräg abgeschnitten werden, sodass das Meerschweinchen auf der Schnittfläche läuft. Es sollte aber nicht zu viel gekürzt werden, da in den oberen Krallenbereichen auch feine Blutgefäße verlaufen.

Bei hellen Krallen sind diese durchscheinend, sodass man diesen Bereich gut aussparen kann. Bei dunklen Krallen wird es schwierig, sodass man hier lieber weniger kürzt als bei den helleren Krallen.

Nicht wundern, Meerschweinchen haben an den Vorderläufen 4 Zehen, an den Hinterläufen aber nur 3, selten mal 4.

Wenn Sie sich für eine langhaarige Meerschweinchenrasse entschieden haben, dann fällt beim wöchentlichen „TÜV" auch öfters mal ein Haarschnitt an. Das Fell sollte so weit gekürzt werden, dass es nicht mehr auf dem Boden schleift und das Fell am After nicht unnötig verkleben kann.

Verfilzungen werden bei dieser Prozedur am besten gleich mit entfernt.

Um das alles durchzuführen, ist es von Vorteil, das Meerschweinchen hochzuheben.

Das sollten Sie aber nicht einfach so machen, sondern mit Vorsicht, Sie wollen das Tier ja nicht verletzen oder es erschrecken.

Am besten klappt es, wenn das Tier bereits an Sie gewöhnt ist. Dann können Sie es mit einem Leckerli anlocken und es dann mit beiden Händen vorsichtig um die Brust fassen und dann mit einer Hand die Füße abstützen. Wenn Sie das Meerschweinchen tragen, dann mit beiden Händen vor der Brust und mit langsamen Bewegungen.

Krankheiten und Parasiten

Leider sind Meerschweinchen recht anfällig für Krankheiten und Parasiten, was den „TÜV" sowie eine tägliche Sichtkontrolle bei jeder Fütterung umso wichtiger macht.

Als Fluchttiere haben Sie in freier Wildbahn gelernt, es zu verbergen, wenn es ihnen nicht gut geht. Wenn ein Meerschweinchen bereits Anzeichen für eine Erkrankung zeigt, sollten Sie mit dem betroffenen Tier umgehend einen Tierarzt aufsuchen.

„Kaninchen und Meerschweinchen leiden leise, denn

als „Beutetiere" dürfen sie in freier Natur nicht als krank auffallen. Schon kleinste Krankheitsanzeichen sind deshalb immer ein Anlass, möglichst am selben Tag noch eine Tierarztpraxis aufzusuchen.

Gute Beobachtung durch den Tierhalter und engmaschige tierärztliche Betreuung sichern auch kleinen Heimsäugetieren ein immer längeres Leben."

Bundesverband Praktizierender Tierärzte e. V. (bpt)

Anzeichen bei akuten / fortgeschrittenen Erkrankungen

• Das Meerschweinchen kommt nicht zur Futterstelle, obwohl es sonst immer sofort da ist, wenn es Futter gibt.

• Das Fell ist gesträubt und das Tier sitzt/liegt mit fast geschlossenen Augen apathisch herum.

• Es lässt sich auf einmal anfassen, knuddeln, obwohl es sonst eher scheu ist.

• Es ist/wirkt schlaff/schlapp.

• Keine Reaktion auf Reize von außen

• Es setzt keinen Kot/Urin ab.

• Der Urin/Kot wirkt blutig (Achtung, manche Nahrungsmittel wirken „färbend" auf Ausscheidungen, hat das Meerschweinchen etwas davon gefressen, dann reicht es, das Tier zu beobachten. Sollte es sich normal verhalten und die nächsten Tage wieder normal gefärbten Urin/Kot absetzen, besteht kein Grund zur Sorge)

Bei diesen Anzeichen ist es erforderlich, das Tier umgehend einem Tierarzt vorzustellen!

Da Meerschweinchen im regulären Tiermedizinstudium kaum erwähnt werden, ist es von Vorteil, wenn man einen Tierarzt hat, der sich auf Meerschweinchen spezialisiert hat. Er sollte im besten Fall ein „Fachtierarzt für Heimtiere und Kleinsäuger" sein.

Es können natürlich auch andere Veränderungen auf eine Erkrankung oder einen Parasitenbefall hinweisen, welche das sind, haben wir hier zusammengetragen:

Anzeichen	Ursache z. B.
Gewichtsabnahme	Zahnerkrankungen, Verdauungsstörungen, Parasitenbefall (z. B. Kokzidien)
Frisst nichts oder weniger	Zahnerkrankung, ernsthafte andere Erkrankung **UMGEHEND ZUM TIERARZT**

Kahle Stellen im Fell, Juckreiz	Haarlinge, Milben, Pilze
Krusten / Schorf / Rötungen auf der Haut	Pilz, Milben
Wunden	Bissverletzungen, Pilz, Milben
Nasses Fell im Kinnbereich	Zahnerkrankungen
Verklebtes / feuchtes/ schmutziges Fell um den Genitalbereich / Popo	Harnwegerkrankungen, Durchfall, Gelenkerkrankungen
Schorf an der Lippe	Lippengrind
Nasenausfluss, Verklebungen um die Nase, Niesen, häufiges Nase putzen	Atemwegserkrankungen, Zahnerkrankungen
Knubbel / Schwellung am Körper	Tumor, Abszess
Bauch ist hart / aufgebläht	Verdauungsstörung
Kot/Urin verändert	Parasiten,

oder bleibt aus	Verdauungsstörung
Anfälle / Krämpfe / schiefe Kopfhaltung	Schlaganfall, Ohrenentzündung, Verletzungen z. B. der Wirbelsäule, Arthrose/Spondylose HD, … **UMGEHEND ZUM TIERARZT**
Augen eingetrübt, milchig	Augenerkrankung
Schorf / Schuppen, Rötungen, Verklebungen im Ohr	Ohrmilben, Ohrenentzündung
Abgebrochene / schiefe / zu lange oder verfärbte Zähne	Zahnerkrankungen
Veränderte / beschleunigte Atmung, Atemgeräusche, Flankenatmung	**UMGEHEND ZUM TIERARZT**

Kein Grund zur Besorgnis besteht hingegen, wenn Ihre Tiere Kot fressen. Das ist ein normales Verhalten. Es handelt sich hierbei um den sogenannten

Blinddarmkot, dieser ist weicher, hell bräunlich und von einer dünnen glänzenden Haut überzogen. Meerschweinchen können über diesen Kot die Vitamine B und K sowie Eiweiße und Darmbakterien aufnehmen, die ihre eigene Darmflora essenziell unterstützen/ausgleichen. Wenn Meerschweinchen über einen längeren Zeitraum davon abgehalten werden, diesen Kot zu fressen, kann das zum Tod führen. Wenn nun eines Ihrer Meerschweinchen Verdauungsprobleme hat, bieten Sie ihm einfach mal frischen Kot der anderen Meerschweinchen Ihrer Gruppe an. Dies kann die kranke Darmflora unterstützen.

Leider gibt es immer noch sehr viele Tierärzte, die sich mit Meerschweinchen nicht besonders gut auskennen. Oft wird bei Parasitenbefall geraten, man solle die Tiere baden. Da Meerschweinchen aber eher wasserscheu sind, stellt das Prozedere eines Bades immensen Stress für sie dar. Und Stress fördert ja bekanntlich die Anfälligkeit für Erkrankungen und Parasitenbefall. Bei einem Parasitenbefall der Haut haben sich mittlerweile u. a. Spot-On-Präparate bewährt. Diese sollten aber immer erst nach Rücksprache mit einem Tierarzt verabreicht werden.

Ebenso wird immer wieder dazu geraten,

erkrankte Tiere zu isolieren. Dies ist aber in den seltensten Fällen notwendig und führt oft dazu, dass das betroffene Meerschweinchen vereinsamt, bis hin zur Selbstaufgabe.

Wenn eines Ihrer Tiere mal operiert werden muss, dann lassen Sie es bitte nicht, wie z. B. bei Hunden und Katzen üblich, vor der Operation ausnüchtern. Meerschweinchen sollten bis kurz vor einer Operation die Möglichkeit haben zu fressen. Aber warum ist das so? Nun ja, Meerschweinchen erbrechen normalerweise nicht und eine Ausnüchterung hätte fatale Folgen für ihre Verdauung.

Sollte eines Ihrer Meerschweinchen einmal krank sein, benötigt es natürlich eine entsprechende Pflege. Was können Sie also tun, um Ihrem Tier zu helfen?

Wenn Sie von Ihrem Tierarzt Medikamente verschrieben bekommen haben, dann achten Sie, am besten schon in der Tierarztpraxis, darauf, dass die Dosierung richtig angegeben ist. Vielleicht hat der Tierarzt selbst ja auch ein paar Tipps, wie Sie das Medikament am besten ins Meerschweinchen bekommen. Zu fragen schadet nicht.

Kranke Meerschweinchen fressen manchmal weniger bis gar nichts mehr. In diesen Fällen müssen Sie, am besten nach Rücksprache mit dem behandelten

Tierarzt, anfangen, das Tier zu päppeln/zuzufüttern. Manchmal reicht es schon, wenn Sie das Futter vor die Nase halten. Sollte das nicht funktionieren, dann versuchen Sie eine Art Brei aus dem gewohnten Futter herzustellen, so ist die Umstellung nicht zu groß. Diesen Brei ziehen Sie in einer Spritze (ohne Nadel) auf und geben ihn seitlich in das Mäulchen, dort ist eine Lücke zwischen Backen- und Schneidezähnen. Eventuell müssen Sie den Kopf des Tieres etwas fixieren / leicht mit der Hand halten, dann die Spritze langsam in das Mäulchen leeren, sodass das Tier in Ruhe schlucken kann. Wer sich nicht zutraut, den Brei selbst herzustellen, der kann auch fertige Pulver in seine Notfallapotheke aufnehmen. Mittlerweile gibt es mehrere Anbieter, die bekanntesten Pulver sind CriticalCare und RodiCare. Deren Zusammensetzung ist aber eher schlecht und nur für den absoluten Notfall geeignet.

Auf jeden Fall sollten Sie Ihr krankes Meerschweinchen gut beobachten. Verändert sich sein Zustand? Wird er schlechter oder besser? Sollte keine Besserung eintreten, sollten Sie erneut den Tierarzt aufsuchen, ebenso bei einer Verschlechterung des Allgemeinzustands.

Folgende Erkrankungen sind bei Meerschweinchen recht häufig:

- Pilzinfektionen der Haut – Einige Tiere sind Träger von Pilzen, ohne selbst daran zu erkranken, leider können sie Pilze auch übertragen, nicht nur an andere Meerschweinchen, sondern auch an den Menschen
- Parasiten wie Flöhe, Läuse, Milben und Haarlinge – meist wird der Parasit von anderen Tieren übernommen oder gar durch Einstreu in die Gruppe gebracht
- Gebärmutterentzündungen, Eierstockzysten und diverse Krebserkrankungen
- Infektionen der oberen Atemwege bis hin zu Lungenentzündung
- Harnwegsinfekte
- Mykoplasmose – bei der Mykoplasmose handelt es sich um eine bakterielle Infektionskrankheit, mit deren Erreger Schätzungen zufolge 60–70 % der Meerschweinchen weltweit infiziert sind. Die Mykoplasmose ist hoch ansteckend (Tröpfcheninfektion und direkter Kontakt sowie über angeknabbertes Futter), aber wie bei vielen Erkrankungen von Meerschweinchen tritt sie oft erst bei Stress, Mangelernährung usw. in den Vordergrund. Die meisten Tiere sind zeitlebens stille Träger. Die Erreger besiedeln vorzugsweise Schleimhäute, was dazu führt, dass, wenn die Erkrankung ausbricht, ebensolche Gebiete vermehrt betroffen

sind: obere Atemwege, die Lunge, der Genitalbereich, aber auch Gelenke, Ohren, Brustfell, Bauchfell sowie die Auskleidung des Herzbeutels können betroffen sein. Kommt es zu einer Mykoplasmen-Pneumonie, ist diese aufgrund der Veränderungen, die die Mykoplasmen in der Lunge verursachen, nicht heilbar und führt zum Tod des Tieres.

• Kokzidien – Die durch Kokzidien ausgelöste Kokzidiose ist eine übertragbare Krankheit der Darmschleimhäute, der Gallengänge oder der Niere. Kokzidien sind Einzeller, die sich bei Meerschweinchen häufig im Darm einnisten und dort die Darmzotten so weit schädigen, dass diese weniger bis gar keine Nährstoffe mehr aufnehmen. Die Tiere haben oft heftigen Durchfall, teils auch blutig, oder matschigen, unförmigen Kot. Sie verlieren ihren Appetit und sind aufgebläht. Wenn der Befall sehr stark ist und unbehandelt bleibt, führt die Kokzidiose zum Tod des Tieres. Auch gesunde Tiere können Träger von Kokzidien sein, meist bricht die Kokzidiose erst aus, wenn die Tiere in der Abwehr geschwächt sind, z. B. durch andere Erkrankungen oder Stress.

NOTFALLAPOTHEKE

Auch, wenn wir es nicht hoffen, für den Fall, dass eines Ihrer Meerschweinchen mal erkrankt, lohnt es sich, eine kleine Notfallapotheke im Haus zu haben. Folgende Medikamente und Utensilien bieten sich dafür an:

Baby-Thermometer	Zur Temperaturbestimmung
Einwegspritzen 1 ml	Zum Päppeln / Zufüttern von Brei
Wärmflasche/ SnuggleSafe	Zum Aufwärmen von unterkühlten Tieren
Kompressen	Bei Wunden
CapStar Tabletten	Bei Madenbefall, nur nach Rücksprache mit dem Tierarzt
Aktivkohle	Bei Vergiftungen
Simeticon / Dimeticon	Bei Verdauungsproblemen
RodiCare akut / Colosan	Bei Verdauungsproblemen

RodiCare dia / ProPre bac	Aufbau der Darmflora
Prontosan	Zur Wunddesinfektion
Manuka-Honig	Zur Wundpflege
Bepanthen Wund- und Heilsalbe	Bei Kratzern / kleinen Wunden
Bepanthen Augensalbe	Bei geröteten / tränenden Augen
Kieselgur-Pulver	Bei Parasitenbefall
Oregano-Futteröl	Gegen Darmparasiten
RodiCare pulmo	Bei Atemwegserkrankungen
Urin-Teststreifen	Zur Kontrolle bei rötlichem Urin
Novaminsulfon	bei Schmerzen, nur nach Rücksprache mit dem Tierarzt
MCP oder Cisaprid	Bei Übelkeit, nur in Rücksprache mit dem Tierarzt
Omeprazol / Sucralfat	Magensäureblocker / Magenschutz, nur nach Rücksprache mit dem Tierarzt

Denken Sie immer daran, die Gabe von Medikamenten vorher mit Ihrem Tierarzt abzusprechen!

Woher bekomme ich Meerschweinchen?

Woher bekommen Sie denn jetzt Ihre Meerschweinchen am besten? Sie sollen ja gesund und munter sein und eine ausgewogene, harmonische Gruppe bilden.

Für viele Menschen stellt die Zoohandlung einen ersten Anlaufpunkt für das Erwerben von Kleintieren dar. Zoohandlungen bieten mittlerweile eine relativ große Auswahl an Tieren an. Ob diese aber alle artgerecht und dem Tierwohl entsprechend aufgezogen wurden, bleibt zu hinterfragen.

Die Vermutung liegt nahe, dass die meisten Tiere rein zur Gewinnoptimierung der einzelnen Unternehmen gezüchtet werden. Ohne darauf zu achten, ob die Tiere überhaupt alt genug sind, um sich gefahrlos zu vermehren. Eine Trächtigkeit stellt gerade für noch nicht ausgewachsene Jungtiere eine Gefahr dar. Auch das im Geschäft Zur-Schau-Stellen der Tiere bei zu geringem Platz je Gehege/ Käfig stellt eine andauernde Stresssituation dar, die man sich für sein zukünftiges Heimtier nicht wünscht. Sollten Sie ein Tier aus der Zoohandlung erwerben, kann es sein, dass es, wenn es sich um ein Weibchen handelt, schon trächtig ist und sie mehr Tiere erwerben als geplant. Oft werden die Jungtiere nicht rechtzeitig vor dem Einsetzen der Geschlechtsreife nach Geschlechtern getrennt.

Ein weiterer Grund, der gegen die Zoohandlung spricht, ist, dass das Personal natürlich dahin gehend berät, Ihnen diverses Zubehör schmackhaft zu machen, was oft unnötig oder noch nicht mal für die Tiere geeignet ist. Fachwissen bezüglich der Tiere ist auch oft nicht gegeben.

Aber woher bekommen Sie Ihre Gruppe dann? Heutzutage kann man ja fast alles über das Internet erwerben. Einige Züchter bieten Ihre Tiere mittlerweile auch über die bekannten Verkaufsportale an. Hier gilt aber: Vorsicht! Auch viele <u>unseriöse Vermehrer</u> sind hier unterwegs. Und diese sind nur darauf aus, möglichst schnell Geld zu generieren. Das Tierwohl oder artgerechte Haltung interessiert diese Menschen nicht.

Woran erkennen Sie also einen <u>seriösen Züchter</u> oder Verkäufer? Ein seriöser Züchter sollte keine Probleme damit haben, wenn Sie sich die Tiere vorab einmal anschauen wollen. Er zeigt Ihnen die Elterntiere oder zumindest das Muttertier, und natürlich die Tiere, für die Sie sich interessieren. Er achtet auf eine artgerechte Haltung im Gruppenverband und sorgt für eine gesunde, ausgewogene Ernährung und medizinische Versorgung seiner Tiere.

Er hat mehrere Gruppenverbände, denn auch der Zuchtbock sollte nicht allein sitzen. Er gibt nur gesunde und entsprechend sozialisierte Tiere, und, wenn es um Böckchen geht, nur Kastraten an private Halter ab. Er kann Ihnen Auskunft über die Charaktere der einzelnen Tiere geben und hat vielleicht sogar eine passende Gruppe, Ihren Wünschen entsprechend, abzugeben. Ein seriöser Züchter interessiert sich dafür, wie Sie die Haltung planen, welche Größe Ihr Gehege hat, ob Innen- oder Außenhaltung geplant ist. Sollte es später einmal Probleme geben, können Sie ihn gern kontaktieren und um Rat fragen. Im Notfall nimmt ein seriöser Züchter seine Tiere auch wieder zurück.

Wenn Sie sich überlegen, ein Meerschweinchen von einem privaten Halter zu übernehmen, muss das keine schlechte Idee sein. Schauen Sie sich die Haltungsbedingungen vor Ort und natürlich das Meerschweinchen an. Welches Futter hat es bekommen? Sieht es gesund und fit aus? Warum wird es abgegeben?

Alternativ können Sie auch Meerschweinchen bei einer Notstation bekommen. Damit tun Sie dann auch noch etwas Gutes, indem Sie einem Tier ein neues Zuhause geben. Aber was genau sind Notstationen? Notstationen sind Auffangstationen und Vermittlungsstellen für Meerschweinchen. Manche werden als Verein betrieben, andere privat geführt. Sie geben Meerschweinchen nur ab, wenn eine vernünftige Haltung, gute Pflege und ein ausreichend großes Gehege mit Zubehör geboten werden können. Sie helfen bei der Gruppenzusammenstellung und klären über artgerechte Haltung auf.

Damit sich niemand unüberlegt Meerschweinchen anschafft, setzen Notstationen oft eine Schutzgebühr an sowie einen Schutzvertrag auf. Notstationen arbeiten im Sinne des Tierschutzes und können durch Gebühren und Spenden kaum ihre Unkosten decken, die unter anderem durch die Kosten der tierärztlichen Versorgung und Pflege entstehen. Betreiber von Notstationen verfügen im Allgemeinen über ein großes Fachwissen, was die Tiere angeht.

Neben den Notstationen gibt es dann noch die Tierheime. Auch hier tun Sie etwas Gutes, wenn Sie ein Tier adoptieren. Wie bei den Notstationen werden die Tiere hier auch nur mit Schutzvertrag und gegen Zahlung einer Schutzgebühr abgegeben. Idealerweise werden Sie auch hier vorher darum gebeten, mitzuteilen, wie die Haltung bei Ihnen aussehen soll, Gehegegröße, geplanter Gruppenverband, ... auch die Tierheim-Mitarbeiter verfügen über Fachwissen, aber in den meisten Fällen ist es nicht so ausgeprägt wie das der Betreiber von Notstationen.

KOSTEN DER ANSCHAFFUNG

Neben den nicht genau festgelegten Kosten für das Gehege (ab ca. 200 € aufwärts für ein artgerechtes Gehege inklusive Häusern/Unterständen und weiteres Zubehör wie z. B. Näpfe) fallen noch die Kosten für die

Anschaffung der Meerschweinchen selbst an. Was darf ein artgerecht aufgezogenes und gesundes Meerschweinchen kosten?

Weibchen	Ab 20 €
Böckchen	Ab 10 €
Kastrat	Ab 60 €

Je nach Rasse und Färbung kann der Preis auch noch mal deutlich nach oben abweichen.

Die Haltung von mindestens zwei Meerschweinchen kostet im Monat ungefähr 75 € bzw. 1–2 € pro Tier und Tag, je nach Futter.

WAS MUSS VOR DEM KAUF NOCH BEDACHT WERDEN?

Sind alle Familien- bzw. Haushaltsmitglieder mit Meerschweinchen als Haustier einverstanden und bereit, diese im Notfall zu versorgen?

Gibt es Allergien (Heu, Stroh, Staub, Tierhaare, ...) in der Familie?

Wer versorgt die Tiere, wenn Sie im Urlaub sind?

Welche Gruppe wollen Sie halten?

Wie viele Tiere sollen es werden?

Haben Sie ausreichend Platz für das passende Gehege?

Verfügen Sie über täglich ausreichend Zeit für die Fütterung, Pflege und wöchentlich für die anfallenden Reinigungsarbeiten?

Ist das Gehege schon bezugsfertig aufgebaut und eingerichtet?

Haben Sie ausreichend Häuser und Unterstände sowie Wassernäpfe oder Trinkflaschen?

Ist ein Meerschweinchen-erfahrener Tierarzt in der näheren Umgebung?

Sind Sie bereit, sich über einen Zeitraum von durchschnittlich 6–8 Jahren um die Tiere zu kümmern?

Können Sie die laufenden Kosten tragen?

Sind sich alle Beteiligten darüber im Klaren, dass Meerschweinchen KEINE Kuscheltiere sind?

WORAUF MUSS ICH BEIM KAUF ACHTEN?

Kleine Checkliste für den Meerschweinchen-Kauf

Klare Augen?
Glänzendes, (je nach Rasse) glattes Fell?
Keine Verklebungen am After?
Keine Verklebungen / Krusten im Mund- und Nasenbereich?
Keine Verletzungen?
Verhält sich aufmerksam und nicht apathisch?
Keine kahlen Stellen?
Zähne in Ordnung?
Was wurde gefüttert?
Wie alt ist das Tier?
Keine Geschwülste an Füßen/Ballen?
Sind die Krallen kurz und gerade?
Ist der Ernährungszustand gut?
Ist das Gehege gepflegt und sauber?

DER TRANSPORT NACH HAUSE

Der Transport in das neue Zuhause ist für Meerschweinchen immer eine Belastung. Daher sollten Sie ihn so angenehm wie möglich gestalten. Am einfachsten geht das mit einer ausreichend großen Transportbox, in der Sie am besten mindestens zwei Tiere zusammen transportieren können. Diese Boxen sind auch später hilfreich, wenn es mal zum Tierarzt geht. In die Transportbox legen Sie etwas Einstreu oder Stroh, vielleicht sogar aus dem alten Gehege, damit die Meerschweinchen sich nicht ganz so fremd fühlen. Als Futter für den Transport bietet sich am besten etwas Gurke und Heu, welches Sie einfach in die Transportbox legen, an.

Pappkartons oder nach oben offene Transportboxen sind nicht geeignet. Pappkartons können durchgenagt werden, geben bei Urin schnell nach und gehen kaputt, aus offenen Transportboxen können die Meerschweinchen eventuell flüchten oder werden bei einem Unfall herausgeschleudert.

Wenn Sie den Transport mit dem Auto absolvieren, dann holen Sie die Transportbox mit den Tieren in den Innenraum, im Idealfall in den Fußraum des Beifahrers. Hier ist die Temperatur und die Luftzirkulation für die Tiere besser.

Wenn Sie ein Tier von weiter weg gekauft haben und eine Abholung aufgrund der Entfernung oder zeitlich nicht möglich ist, dann gibt es noch die

Möglichkeit des Tierversands. Dafür wird das Tier in eine ausreichend große Transportbox, es sollte sich darin umdrehen können, „verpackt". Die Transportbox sollte mit Einstreu oder einer Decke ausgelegt sein und Heu, Gurke und eine Versteckmöglichkeit enthalten. Zudem muss sie über Luftlöcher verfügen, um eine ausreichende Luftzufuhr zu gewährleisten. Es gibt mittlerweile einige Speditionen, die einen Tierversand anbieten. Das Tier sollte dann innerhalb von 24–48 Stunden bei Ihnen sein.

Zu Hause angekommen, setzen Sie die Tiere in das vorbereitete Gehege. Entweder mit Hand oder besser noch, stellen Sie die Transportbox geöffnet in das Gehege und lassen Sie die Tiere selbst entscheiden, wann sie so weit sind, ihr neues Reich zu erkunden.

Die ersten Tage sollten Sie die Tiere in Ruhe ankommen lassen. Sorgen Sie immer für ausreichend Futter, Heu und Wasser und beobachten Sie die Tiere mit etwas Abstand. Sie können auch leise und beruhigend auf sie einreden, sodass sie sich schon mal an Ihre Stimme gewöhnen. Vermeiden Sie aber unbedingt Hektik und Lärm.

Ein Meerschweinchen ist trächtig

Sollten Sie, trotz aller Vorsicht beim Kauf Ihrer Tiere, doch ein trächtiges Meerschweinchen erwischt haben, dann sollten Sie sehr behutsam mit der werdenden Mama umgehen. Ungefähr zwei Wochen nach der Befruchtung ist es für erfahrene Halter möglich, die Föten im Bauch zu ertasten.

Es bedarf bei einer artgerechten Fütterung der Gruppe keiner Futterumstellung, das würde nur Stress bei den Tieren auslösen. Auch müssen Sie das trächtige

Tier nicht aus der Gruppe nehmen, weder vor noch nach der Geburt, solange alles normal verläuft. Wenn das trächtige Tier noch sehr jung, also unter 6 Monate, ist, sollten Sie es, vor allem nach der Geburt, gut im Auge behalten, da so junge Meerschweinchen oftmals mit der Situation überfordert sind. Hier zahlt es sich dann aus, wenn man eine vom Alter her gut gemischte Gruppe hat, denn die anderen Tiere der Gruppe verleihen der Neu-Mama die nötige Sicherheit und unterstützen diese auch bei der Pflege und Aufzucht der Jungtiere.

Kurz vor der Geburt wird sich das trächtige Tier an einen ruhigen Ort im Gehege zurückziehen. Die Geburt selbst dauert dann in etwa 10–20 Minuten. Während der Geburt sitzt das Meerschweinchen mit nach vorn gebeugtem Becken und gespreizten Beinen. Sollte es aber unter den Wehen auf der Seite liegen, dann hat es Geburtsprobleme und Sie sollten sofort einen Tierarzt aufsuchen.

Ist es der erste Wurf für das Tier, dann besteht er wahrscheinlich aus 1–4 Jungtieren. Die Jungtiere sollten zwischen 50 und 140 Gramm wiegen. Sie kommen vollständig entwickelt, mit geöffneten Augen, zur Welt. Sie fangen schon am ersten Tag an, ihrer Mama zu folgen und knabbern alles an, was sie auch frisst.

Sollte ein Jungtier nur liegen und nicht aufstehen oder wiegt es unter 50 Gramm, besteht Lebensgefahr und es sollte ein Tierarzt aufgesucht werden. Relativ bald, wenn die Jungtiere schon ein paar Tage alt sind, sollten Sie die Geschlechter bestimmen lassen. Denn, wie Sie ja im vorderen Teil des Buches gelesen haben, können Böckchen schon im Alter von ca. 3 Wochen bzw. einem Gewicht von 250 Gramm geschlechtsreif werden und sollten bevorzugt vor der Geschlechtsreife frühkastriert oder von der Gruppe getrennt werden.

Solange die Jungtiere noch gesäugt werden, können Sie vermehrt Kräuter anbieten, um die Milchbildung zu unterstützen. Sollten Sie nun mit den Jungtieren zu viele Meerschweinchen für Ihr Gehege haben und dieses auch nicht weiter vergrößern wollen oder können, dann können Sie die Jungtiere mit einem Alter von 6–8 Wochen in liebevolle Hände abgeben. Diese 6–8 Wochen bei Mama sind aber für die Tiere wichtig, gerade für die Entwicklung des Immunsystems und für die Sozialisation.

Wenn ein Tier geht

Irgendwann kommt die Zeit, in der eines der Tiere seinen Koffer packt und über die Regenbogenbrücke geht. Egal, ob durch Krankheit oder einfach, weil seine Zeit gekommen war.

Es ist immer traurig. Aber auch, wenn Sie über den Verlust eines Tieres trauern, sollten Sie die Gruppe nicht außer Acht lassen, denn auch die Gruppe leidet unter dem Verlust und trauert. Trauernde Meerschweinchen fressen häufig weniger als gewohnt und sind oft auch nicht so bewegungsfreudig. Vor allem sollten Sie sich schnellstmöglich um ein neues Partnertier kümmern, sofern Sie nur zwei oder drei Meerschweinchen halten.

Wenn Sie nicht wissen, woran Ihr Tier verstorben ist, und Sie eine, vielleicht sogar ansteckende, Erkrankung nicht ausschließen können, dann sollten Sie eine Obduktion des verstorbenen Tieres in Betracht ziehen. Ihr Tierarzt berät Sie dazu.

Manchmal ist es aber ja auch so, dass ein Tier sehr krank ist und man ihm ansieht, dass es leidet. Wenn auch der Tierarzt keinen Rat mehr weiß, dann sollten Sie sich überlegen, das Tier zu erlösen, also es einschläfern zu lassen, um ihm weiteres Leid zu ersparen. Je nach Gruppengefüge kann es aber sinnvoll sein, das erlöste Tier nochmals mit nach Hause zu nehmen und in das Gehege zu legen, damit die Gruppe sich verabschieden kann und versteht, dass der Kamerad nicht mehr wiederkommt.

Nach dem Tod des Tieres bleibt die Frage, wie man es am besten bestattet. Je nach Gemeinde können Kleintiere bis zur Größe einer Ratte über den Hausmüll entsorgt werden. Aber wollen Sie das für Ihr Tier? In Deutschland darf man Heimtiere im eigenen Garten bestatten, sofern es sich nicht um ein ausgewiesenes Wasserschutzgebiet handelt. Hierfür sollte ein mindestens 80 cm tiefes Loch ausgehoben werden, damit es vor anderen Tieren geschützt ist. Dann wird das Tier in einen Karton oder einen Leinenbeutel gelegt und beerdigt.

Alternativ können Sie das Tier auch auf einem der Tierfriedhöfe beisetzen oder es über ein Tierbestattungsinstitut einäschern lassen. Hier besteht auch die Möglichkeit, die Asche in einer Urne zu bekommen, sodass das Tier immer bei Ihnen ist. Bei beiden Varianten entstehen aber Kosten, bei der Beisetzung auf einem Tierfriedhof können sogar monatlich Kosten anfallen – wie bei der Grabpflege von uns Menschen auch.

Natürlich können Sie das Tier auch beim Tierarzt lassen, der sich dann um die Einäscherung kümmert.

Egal, für welche Variante Sie sich entscheiden, die Zeit, die Sie mit Ihrem Meerschweinchen hatten, bleibt in Ihrer Erinnerung. Und das ist es doch, was zählt.

Herstellung und Verlag:
BoD – Books on Demand, Norderstedt
ISBN: 9783755768456

Kontakt: Psiana eCom UG/ Berumer Str. 44/ 26844 Jemgum
Covergestaltung: Fenna Larsson
Coverfoto: depositphotos.com